I0448024

LES SECRETS DU MENTALISME

« *Tout le monde est capable de réaliser des tours de mentaliste* »

Pascal IMBERT

TABLE DES MATIERES

INTRODUCTION 3

TOURS DE MENTALISME 7

LES 3 CHIFFRES 7
PRÉDICTION DU CHOIX D'UNE CARTE................15
TÉLÉPATHIE AVEC UN LIVRE..............................21
LE CALCUL PRÉMONITOIRE 29
PRÉDICTION DU CHOIX D'UN OBJET 37
LA CALCULATRICE HUMAINE...............................44
DIVINATION SYMBOLIQUE 53
LE COUP DU CHAPEAU.....................................68

CONCLUSION...74

Introduction

Le mentalisme est une discipline rendue populaire depuis qu'une série télévisée américaine met en scène les aventures d'un homme qui offre ses services à la police grâce à ses extraordinaires facultés et à un sens de l'observation très aiguisé qui lui permettent de cerner les pensées d'un individu et d'anticiper ses actions. Comme par magie, cet homme est capable de savoir si son interlocuteur est sincère ou pas.

D'autres personnes mettent à profit cet art pour assurer d'extraordinaires prestations à la télévision ou lors de spectacles de music-hall. Ces individus fascinent leur auditoire et sont l'objet d'une grande admiration tant ils donnent le sentiment de posséder des pouvoirs surnaturels. Lire dans les pensées, calculer plus vite qu'un ordinateur ou prédire l'avenir sont des facultés qui font rêver plus d'une personne.

Pour autant, je ne trahirai aucun secret et ne briserai aucun mythe en écrivant ici qu'aucun homme n'a de pouvoir de divination qui le distingue de ses semblables. Chaque tour de mentaliste possède, comme cela est le cas pour les tours de magie, un truc, une astuce, une technique. Il n'est aujourd'hui pas possible de prédire l'avenir ou de lire dans les pensées d'autrui, par contre il est tout à fait possible de donner l'illusion qu'on sait le faire.

Les mentalistes les plus populaires ont un don qui réside en leur capacité d'apprendre quelques astuces mais surtout de savoir habiller ces astuces d'une mise en scène conçue pour faire voyager son auditoire là où il le souhaite tout en dissimulant au passage les ficelles qui lui permettront d'achever son numéro en apothéose devant un public médusé et conquis.

Ces prestidigitateurs des temps modernes vous font rêver ? Vous souhaitez vous aussi impressionner votre entourage ou de parfaits inconnus ? Vous désirez être regardé avec admiration et être le centre d'intérêt d'un groupe ? Cela est tout à fait possible grâce aux quelques numéros de mentalisme que je vais vous présenter dans cet ouvrage. Quel que soit votre âge, vos connaissances et votre niveau d'étude, vous serez bientôt capable de présenter à un auditoire une panoplie de situations qui devraient très rapidement subjuguer et susciter l'admiration.

Chacune des situations proposées est très largement décrite afin de vous permettre de comprendre et d'assimiler le tour. Je vous présente tout d'abord le contexte du tour afin que vous compreniez rapidement l'objectif recherché. Puis je détaille le déroulement du tour, d'abord sous un aspect théorique puis sous la forme d'une illustration pratique. Je vous dévoilerai ensuite les astuces et techniques à maîtriser pour réaliser ce tour : il s'agit des explications, des fameuses « ficelles » du métier que vous aurez la tâche de dissimuler à votre public. Enfin, je vous délivrerai des conseils et des éléments à prendre en compte et à travailler pour vous donner les meilleures chances de réussite lorsque vous présenterez votre numéro.

Ne brûlez pas les étapes, lisez chaque chapitre pas à pas et assurez-vous d'avoir compris et assimilé tous les concepts présentés. Et surtout travaillez ces situations, encore et encore jusqu'à ce que votre argumentaire et votre technique soient rodés.

Vous serez très vite surpris et fiers de vos progrès et de l'impression que vous ferez à vos auditeurs.

Tours de mentalisme

Les 3 chiffres

Vous avez sans doute déjà été le témoin d'un tour dans lequel le mentaliste vous demande de choisir un chiffre entre 1 et 9 puis vous fait réaliser quelques calculs au bout desquels il vous annonce fièrement le chiffre que vous aviez choisi ? Nous sommes souvent déçus par ce type de prestations car celles-ci se cantonnent la plupart du temps à une manipulation très basique des nombres.

Le tour que je vous propose ici repose également sur une manipulation de chiffres, néanmoins celle-ci est bien plus subtile et surprendra par conséquent de façon certaine votre auditoire.

Le défi

Annoncez à votre auditoire que vous avez la capacité de lire dans les pensées et que vous allez le lui démontrer non pas avec une seule personne, ni deux mais avec trois personnes simultanément !
Proposez alors à 3 personnes d'être les acteurs de ce tour. Chacune d'entre elles choisit un

chiffre compris entre 1 et 9. La première personne réalise, à votre demande, quelques calculs simples et transmet le résultat à la deuxième personne. Celle-ci réalise d'autres calculs simples et transmet le résultat à la troisième personne. Après un calcul, elle annonce le total obtenu au mentaliste qui, après un petit effort de concentration, est capable de déterminer dans l'ordre les chiffres choisis par chacune des personnes.

Le déroulement

Etape 1

Demandez à 3 personnes de se porter volontaires pour prendre part à cette expérience.

Pour débuter, sélectionnez la personne la plus à l'aise avec le calcul mental.

Etape 2

A la 1ère personne, demandez de :

Penser mentalement à un chiffre entre 1 et 9,

Multiplier ce chiffre par 2,

Ajouter 3 au résultat ainsi obtenu,

Multiplier le résultat obtenu par 5,

Souffler à l'oreille de la seconde personne le résultat final.

Etape 3

A la 2ème personne, demandez de :

Penser mentalement à un chiffre entre 1 et 9,

Ajouter ce chiffre au nombre soufflé par la 1ère personne,

Multiplier par 10 le résultat ainsi obtenu,

Souffler à l'oreille de la troisième personne le résultat final.

Etape 4

A la 3ème personne, demandez de :

Penser mentalement à un chiffre entre 1 et 9,

Ajouter ce chiffre au nombre soufflé par la 2ème personne,

Annoncer à l'auditoire le résultat final.

Etape 5

Mentalement, soustrayez 150 au résultat annoncé par la 3ème personne.

Vous obtenez alors un nombre à trois chiffres dont le 1er chiffre correspond à celui choisi par la 1ère personne, le 2nd chiffre correspond à celui choisi par la 2nde personne et le 3ème chiffre correspond à celui choisi par la 3ème personne.

Illustration

Supposons que la 1ère personne choisisse le chiffre 4.

Comme indiqué à l'étape 2 :

Elle multiplie ce chiffre par 2 : 4 x 2 = 8,
Elle ajoute 3 au résultat obtenu : 8 + 3 = 11,
Elle multiplie le résultat obtenu par 5 : 5 x 11 = 55

Elle souffle ce résultat (55) à la 2nde personne.

Celle-ci, comme indiqué à l'étape 3 :

Pense à un chiffre entre 1 et 9, supposons 7,
Ajoute ce chiffre au nombre précédemment soufflé par la 1ère personne : 7 + 55 = 62,

Multiplie par 10 le résultat obtenu : 62 x 10 = 620

Elle souffle ce résultat (620) à la 3ème personne.

Celle-ci, comme indiqué à l'étape 4 :

Pense à un chiffre entre 1 et 9, supposons 6, Ajoute ce chiffre au nombre soufflé par la 2ème personne : 6 + 620 = 626

Elle annonce à l'auditoire le résultat final : 626.

Comme indiqué à l'étape 5 :

Le mentaliste soustrait 150 au résultat final : 626 – 150 = 476

476 étant composé des chiffres 4, 7 et 6, il annonce fièrement que la 1ère personne a choisi le chiffre 4, la 2ème personne a choisi le chiffre 7 et la 3ème personne a choisi le chiffre 6.

Explication

Ce tour de mentalisme qui utilise des chiffres et des calculs a forcément une explication mathématique ! Peut-être n'êtes-vous pas très à l'aise en mathématiques ou tout simplement ne souhaitez-vous pas prendre le temps de comprendre pourquoi ce tour étonnant fonctionne systématiquement, néanmoins, et pour être parfaitement complet, je vous livre ici l'explication de ce tour.

Appelons A le chiffre choisi par la $1^{\text{ère}}$ personne.

Comme indiqué à l'étape 2 :

Elle multiplie ce chiffre par 2 : $2 \times A = 2A$,
Elle ajoute 3 au résultat obtenu : $2A + 3$,
Elle multiplie le résultat obtenu par 5 : $5 \times (2A+3) = 10A + 15$

Elle souffle ce résultat $(10A+15)$ à la 2nde personne.

Celle-ci, comme indiqué à l'étape 3 :

Pense à un chiffre entre 1 et 9, appelons-le B,
Ajoute ce chiffre au nombre précédemment soufflé par la $1^{\text{ère}}$ personne : $10A+15+B$,
Multiplie par 10 le résultat obtenu : $10 \times (10A+15+B) = 100A + 150 + 10B$

Elle souffle ce résultat $(100A+10B+150)$ à la $3^{\text{ème}}$ personne.

Celle-ci, comme indiqué à l'étape 4 :

Pense à un chiffre entre 1 et 9, appelons-le C,
Ajoute ce chiffre au nombre soufflé par la $2^{\text{ème}}$ personne : $100A+10B+150+C$

Elle annonce à l'auditoire le résultat final : 100A+10B+150+C.

Comme indiqué à l'étape 5 :

Le mentaliste soustrait 150 au résultat final : (100A+10B+150+C) − 150 = 100A+10B+C

Ainsi le chiffre des centaines est le chiffre A choisi par la 1ère personne,
Le chiffre des dizaines est le chiffre B choisi par la 2ème personne,
Le chiffre des unités est le chiffre C choisi par la 3ème personne.

Astuces et conseils

Comme pour n'importe quel tour de mentalisme, la mise en scène et le conditionnement de votre auditoire sont cruciaux pour la réussite de votre numéro.

Lors de ce tour, soyez vigilants à deux points :

Choisissez comme première personne celle qui est la plus à l'aise avec les calculs mathématiques. En effet, c'est la première personne qui aura le plus de calculs à effectuer de tête. N'oubliez pas que la moindre erreur de calcul de la part d'un spectateur vous conduira à une fausse prédiction …

Votre tour est soi-disant basé sur vos capacités à lire dans les pensées. Dès lors, n'hésitez pas à ajouter une dimension théâtrale à votre prestation : il ne s'agit pas d'effectuer froidement un calcul mental mais plutôt de montrer à votre auditoire que vous êtes amené à faire un effort de concentration pour essayer de lire dans les pensées des spectateurs. Vous pouvez même établir un contact physique avec eux, en leur touchant la main au moment où ils choisissent leur chiffre, cela pour favoriser la transmission de pensée. N'oubliez pas qu'un bon mentaliste est avant tout un bon comédien qui sait s'appuyer sur un numéro de qualité.

Prédiction du choix d'une carte

Le défi

Présentez à votre auditoire un jeu de cartes et annoncez que vous avez la capacité de prédire la carte qui sera tirée par un spectateur. Vous notez cette carte sur un morceau de papier que vous pliez et placez dans une enveloppe. Lorsque le spectateur aura tiré la carte, sur vos indications, il la présentera au public et ouvrira votre enveloppe pour y découvrir votre prédiction.

Le déroulement

Etape 1

Préparez un jeu de cartes et prenez soin de mémoriser la 10ème carte du jeu,

Etape 2

Notez sur un morceau de papier, sans le montrer au public, ce que représente cette 10ème carte et placez ce papier dans une enveloppe,

Etape 3

Demandez à un spectateur de choisir un nombre entre 10 et 19 et de l'annoncer,

Etape 4

Prenez le paquet de cartes, face cachée, en main et posez une à une les cartes, face cachée, sur la table en comptant jusqu'au nombre choisi par le spectateur,

Etape 5

Prenez le paquet formé par les cartes posées sur la table en main et additionnez les 2 chiffres composant le nombre choisi par le spectateur,

Etape 6

Posez une à une les cartes, face cachée, sur la table en comptant jusqu'au nombre déterminé à l'étape précédente,

Etape 7

Retournez la dernière carte posée sur la table et demandez au spectateur de la montrer au public. Puis demandez-lui d'ouvrir l'enveloppe et de dévoiler votre prédiction à l'auditoire.

Reprenons les 7 étapes présentées ci-dessus avec un exemple concret :

Etape 1

Supposons que la 10ème carte du jeu est le Roi de Cœur.

Etape 2

Sur un morceau de papier, écrivez Roi de Cœur et placez ce papier dans une enveloppe,

Etape 3

Le spectateur choisit par exemple le nombre 14,

Etape 4

Prenez le paquet de cartes, face cachée, en main et posez une à une les cartes, face cachée, sur la table en comptant jusqu'à 14,

Etape 5

Prenez le paquet formé par les 14 cartes posées sur la table en main et additionnez les 2 chiffres composant le nombre 14 soit 1 + 4 = 5,

Etape 6

Posez une à une les cartes, face cachée, sur la table en comptant jusqu'à 5,

Etape 7

Retournez la dernière carte posée sur la table et demandez au spectateur de la montrer au public, il doit s'agir du Roi de Cœur. Puis demandez-lui d'ouvrir l'enveloppe et de dévoiler votre prédiction (Roi de Cœur) à l'auditoire.

Explication

Ce tour de mentalisme est basé sur une explication mathématique. Dans la mesure où la carte qui nous intéresse est la 10ème carte du jeu, il faut que le nombre choisi par le spectateur nous garantisse que cette carte sera posée sur la table. C'est pour cette raison que le nombre que peut choisir le spectateur est au minimum le nombre 10.

Si le spectateur choisit le nombre 10, la 10ème carte du jeu sera tout en haut du paquet sur la table. Elle sera en 1ère position, donnée par l'addition des chiffres constituant le 10 soit $1+0=1$.

Si le spectateur choisit le nombre 11, la 10ème carte du jeu sera en 2nde position du paquet sur la table, donnée par l'addition des chiffres constituant le 11 soit 1+1=2.

De la même façon, si le spectateur choisit le nombre 19, la 10ème carte du jeu sera en 10ème position du paquet sur la table, donnée par l'addition des chiffres constituant le 19 soit 1+9=10.

Astuces et conseils

Lors de ce tour, soyez vigilants à deux points :

Veillez à montrer une réelle concentration au moment d'écrire votre prédiction sur le morceau de papier. C'est à cette étape que le mentaliste est sensé mettre en œuvre sa faculté à envisager l'avenir. Prenez le temps de réfléchir, de toucher le paquet de cartes, de vous concentrer puis écrivez votre prédiction comme si vous aviez reçu subitement un flash.

La réussite de ce tour est conditionnée au fait que vous connaissez la 10ème carte du jeu que vous possédez entre les mains. Ce tour nécessite donc un minimum de préparation, c'est pour cette raison qu'il n'est pas conseillé d'enchainer la présentation de ce tour plusieurs fois d'affilée car vos spectateurs risquent de s'apercevoir de la préparation que vous réalisez (visualisation de la 10ème carte du jeu).

De la même façon, soyez très vigilant à ce que les cartes du jeu ne soient plus mélangées après que vous ayez déterminé quelle est la 10ème carte du jeu.

Télépathie avec un livre

Le défi

Annoncez à votre auditoire que vous possédez un pouvoir de télépathie et que vous allez le prouver à l'aide d'un livre. Vous confiez ce livre à un spectateur et lui donnez des indications pour tirer au sort l'une des pages de ce livre. Le spectateur commence à lire mentalement les premières lignes de la page en question, lignes que vous êtes en mesure de lui réciter grâce à votre lecture dans ses pensées.

Le déroulement

Etape 1

Plusieurs minutes avant de présenter votre tour, choisissez un livre que vous ouvrez à la 34ème page. Apprenez par cœur les 2 ou 3 premières lignes de cette page.

Etape 2

Annoncez à votre auditoire vos pouvoirs de télépathe et choisissez un volontaire pour mener une expérience avec le livre que vous avez étudié à l'étape 1. Donnez ce livre au spectateur et prétextez la réalisation d'un tirage au sort aléatoire pour déterminer quelle page du livre choisir.

Etape 3

Dessinez alors sur une feuille de papier le carré magique suivant :

1	2	3	4
5	6	7	8
9	10	11	12
13	14	15	16

Etape 4

Demandez au spectateur de choisir un nombre situé sur la première ligne du carré.
Barrez alors les autres nombres situés sur la même ligne et la même colonne que le nombre choisi.

Etape 5

Demandez au spectateur de choisir un nombre non barré situé sur la deuxième ligne du carré.

Barrez alors les autres nombres situés sur la même ligne et la même colonne que le nombre choisi.

Etape 6

Demandez au spectateur de choisir un nombre non barré situé sur la troisième ligne du carré. Barrez alors les autres nombres situés sur la même ligne et la même colonne que le nombre choisi.

Etape 7

Demandez au spectateur d'additionner les nombres non barrés situés sur la colonne 1, 2, 3 et 4.

Etape 8

Le résultat obtenu lors de l'addition de l'étape 7 détermine la page du livre à laquelle le spectateur doit se rendre.

Etape 9

Demandez au spectateur de lire silencieusement les premières lignes de la page en question. Après un moment de concentration, récitez les quelques lignes que vous avez apprises à l'étape 1.

Reprenons les 9 étapes présentées ci-dessus avec un exemple concret :

Etape 1

Choisissez un livre et ouvrez-le à la page 34. Apprenez les 2 ou 3 premières lignes de cette page.

Etape 2

Choisissez un volontaire dans votre auditoire pour mener une expérience de télépathie à partir de ce livre.

Etape 3

Prétextez de laisser faire le hasard pour déterminer la page du livre sur laquelle portera l'expérience et dessinez le carré magique présenté ci-dessus.

Etape 4

Demandez au spectateur de choisir un nombre situé sur la première ligne du carré. Supposons qu'il choisisse le 3.
Barrez alors les autres nombres situés sur la même ligne (1, 2 et 4) et la même colonne (7, 11 et 15) que le nombre choisi.

1	2	3	4
5	6	7	8
9	10	11	12
13	14	15	16

Demandez au spectateur de choisir un nombre non barré situé sur la deuxième ligne du carré. Supposons qu'il choisisse le 5.

Barrez alors les autres nombres situés sur la même ligne (6 et 8) et la même colonne (9 et 13) que le nombre choisi.

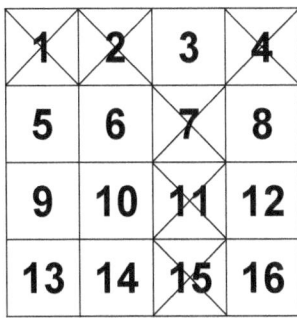

Demandez au spectateur de choisir un nombre non barré situé sur la troisième ligne du carré. Supposons qu'il choisisse le 12.

Barrez alors les autres nombres situés sur la même ligne (10) et la même colonne (16) que le nombre choisi.

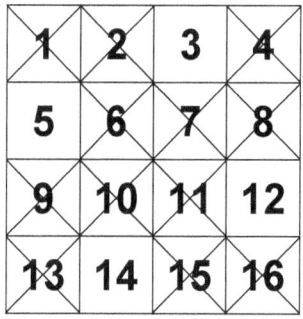

<u>Etape 7</u>

Demandez au spectateur d'additionner les nombres non barrés situés sur la ligne 1, 2, 3 et 4 soit 3 + 5 + 12 + 14 = 34.

<u>Etape 8</u>

Le résultat obtenu lors de l'addition de l'étape 7 (34) détermine la page du livre à laquelle le spectateur doit se rendre.

<u>Etape 9</u>

Demandez au spectateur de lire silencieusement les premières lignes de la page en question. Après un moment de concentration, récitez les quelques lignes que vous avez apprises à l'étape 1.

Explication

Le secret de ce tour réside dans le tirage au sort de la page du livre. Le carré qui est dessiné s'appelle un carré magique et la technique utilisée pour le choix des nombres conduit systématiquement à ce que la somme des nombres qui restent non barrés soit égale à 34.

De cette façon vous êtes assuré que le spectateur tombera toujours sur la page 34 du livre : cela tombe bien puisque c'est justement la page que vous avez apprise ... !

Astuces et conseils

Pour réaliser ce tour, vous pouvez utiliser un livre ou éventuellement un magazine. Dans ce cas, vous pouvez par exemple choisir de mémoriser une photo située en page 34 ou le titre des articles situés en page 34. Tout dépend du défi que vous lancez à votre auditoire. Votre objectif est de prouver que vous possédez un pouvoir qui vous permet de lire dans les pensées d'une personne et de déterminer à distance ce qu'elle voit ou ce qu'elle lit.

A nouveau la mise en scène que vous réaliserez jouera un rôle très important dans la crédibilité de votre numéro. La transmission de pensée est une activité demandant concentration et efforts. Vous devez par conséquent prendre le temps pour annoncer ce que vous voyez. Décrivez votre vision par petites touches successives, en y introduisant des hésitations. Soyez un véritable comédien !

Veillez à ne pas reproduire ce tour deux fois de suite ou à un intervalle de temps trop rapproché. En effet, le tirage au sort effectué vous garantit de systématiquement tomber sur la page 34 du livre. Réaliser ce tour deux fois de suite et tomber deux fois de suite sur la page 34 risque d'éveiller les soupçons de votre auditoire.

Le calcul prémonitoire

Proposez à votre public d'expérimenter votre capacité à prédire l'avenir. Avec la participation d'un volontaire, vous allez réaliser une addition de 5 nombres à 5 chiffres. Demandez au volontaire d'écrire un nombre à 5 chiffres et établissez un contact physique afin de prédire le résultat final. Notez ce résultat final et placez-le dans une enveloppe. Les nombres choisis par le volontaire seront aléatoires. Une fois le résultat de l'addition obtenu, demandez au volontaire d'ouvrir l'enveloppe et de lire ce que vous avez écrit sur le papier placé dans cette enveloppe. Devant un public ébahi, il lira le nombre correspondant au résultat de l'addition que vous venez d'effectuer avec lui.

Le déroulement

Etape 1

Choisissez un volontaire et demandez-lui d'écrire sur une feuille de papier un nombre à 5 chiffres.

Etape 2

Etablissez un contact physique avec la personne en prétextant de visualiser dès à présent le résultat final de l'addition qui va être réalisée. Sur un morceau de papier, écrivez le nombre obtenu en soustrayant 2 au nombre choisi par le volontaire et en ajoutant le chiffre 2 devant ce même nombre (voir illustration ci-dessous). Placez ce papier dans une enveloppe que vous fermez.

Etape 3

Demandez au volontaire d'écrire un autre nombre à 5 chiffres au-dessus du nombre choisi à l'étape 1 puis d'écrire un autre nombre à 5 chiffres en-dessous du nombre choisi à l'étape 1. De cette façon, 3 nombres à 5 chiffres sont maintenant inscrits sur la feuille de papier.

Etape 4

A la suite des nombres inscrit par le volontaire, écrivez votre propre nombre à 5 chiffres en veillant à le choisir de telle sorte que les chiffres qui le constituent soient les compléments à 9 des chiffres constituant le 1er nombre inscrit sur la feuille par le volontaire.

Qu'est-ce qu'un complément à 9 ?

Un chiffre est le complément à 9 d'un autre chiffre lorsque l'addition de ces deux chiffres donne 9. Par exemple, 4 est le complément à 9 de 5 car 4 + 5 = 9. De la même façon, 2 est le complément à 9 de 7 car 2 + 7 = 9. Ou encore 0 est le complément à 9 de 9 car 0 + 9 = 9.

Etape 5

Puis écrivez votre propre nombre à 5 chiffres en veillant à le choisir de telle sorte que les chiffres qui le constituent soient les compléments à 9 des chiffres constituant le 3ème nombre inscrit sur la feuille par le volontaire.

Etape 6

Demandez au volontaire d'effectuer l'addition des 5 nombres à présent écrits sur la feuille de papier et d'annoncer le résultat au public.

Etape 7

Demandez au volontaire d'ouvrir l'enveloppe dans laquelle vous aviez placé votre prédiction et d'annoncer le nombre écrit au public. A la grande surprise de tous, les nombres des étapes 6 et 7 sont identiques.

Reprenons les 7 étapes présentées ci-dessus avec un exemple concret :

Etape 1

Le volontaire choisit un nombre à 5 chiffres et l'écrit sur une feuille de papier. Par exemple :

48631

Etape 2

Sous le prétexte de pouvoir effectuer votre prédiction, établissez un contact physique avec le volontaire puis sur un papier, écrivez le nombre obtenu en retranchant 2 au nombre choisi par le volontaire soit 48631 − 2 = 48629, et en ajoutant un 2 devant ce nombre soit 248629.

Etape 3

Demandez au volontaire d'écrire un autre nombre à 5 chiffres au-dessus du nombre choisi à l'étape 1 puis d'écrire un autre nombre à 5 chiffres en-dessous du nombre choisi à l'étape 1. Ce qui donne par exemple :

84512

48631
32547

A la suite de ces trois 1er nombres, écrivez votre propre nombre à 5 chiffres en veillant à le choisir de telle sorte que les chiffres qui le constituent soient les compléments à 9 des chiffres constituant le 1er nombre inscrit sur la feuille (84512), soit :

Le complément à 9 de 8 est 1,
Le complément à 9 de 4 est 5,
Le complément à 9 de 5 est 4,
Le complément à 9 de 1 est 8,
Le complément à 9 de 2 est 7,

On obtient donc :

84512
48631
32547
15487

Puis écrivez votre propre nombre à 5 chiffres en veillant à le choisir de telle sorte que les chiffres qui le constituent soient les compléments à 9 des chiffres constituant le

3ème nombre choisi par le volontaire (32547), soit :

Le complément à 9 de 3 est 6,
Le complément à 9 de 2 est 7,
Le complément à 9 de 5 est 4,
Le complément à 9 de 4 est 5,
Le complément à 9 de 7 est 2,

On obtient donc :

$$84512$$
$$48631$$
$$32547$$
$$15487$$
$$\mathbf{67452}$$

Etape 6

Demandez au volontaire d'effectuer l'addition des 5 nombres à présent écrits sur la feuille de papier et d'annoncer le résultat au public.

$$84512$$
$$48631$$
$$32547$$
$$15487$$
$$67452$$
$$\overline{\mathbf{248629}}$$

Etape 7

Demandez au volontaire d'ouvrir l'enveloppe dans laquelle vous aviez placé votre prédiction et d'annoncer le nombre écrit au public à l'étape 2 soit 248629.

Explication

Ce tour a bien évidemment une explication mathématique. Tout se joue dès le choix du premier nombre par le volontaire. En effet, les deux nombres choisis par la suite n'ont que peu d'importance puisqu'ils seront contrecarrés par votre propre choix de nombres.

Pour reprendre les nombres utilisés dans l'illustration ci-dessus :

Le premier nombre choisi par le volontaire est 48631.

Le deuxième nombre choisi par le volontaire est 84512. Le complément à 9 des chiffres constituant ce nombre nous conduit à choisir le nombre 15487. En sommant ces deux nombres, nous obtenons 84512 + 15487 = 99999. Ce résultat sera systématiquement celui obtenu en sommant le nombre choisi par le volontaire et le nombre qui fait le complément à 9.

Le troisième nombre choisi par le volontaire est 32547. Le complément à 9 des chiffres constituant ce nombre nous conduit à choisir le nombre 67452. En sommant ces deux nombres, nous obtenons 32547 + 67452 = 99999. Ce résultat sera systématiquement celui obtenu en sommant le nombre choisi par le volontaire et le nombre qui fait le complément à 9.

L'addition des 5 nombres 48631 + 84512 + 15487 + 32547 + 67452 = 48631 + 99999 + 99999 = 48631 + 200000 − 2

On voit ainsi que le résultat de l'addition est obtenu en prenant le 1er nombre choisi par le volontaire, en lui soustrayant 2 et en ajoutant un 2 devant ce nombre.

Astuces et conseils

Comme pour les autres tours, votre mise en scène et la persuasion que vous déploierez seront un gage de réussite. Enrobez votre effet, soyez théâtral et faites mine de réellement vous concentrer pour capter les nombres qui passent et passeront par la tête de votre partenaire.

Prédiction du choix d'un objet

Le défi

Etalez plusieurs objets sur une table et annoncez à l'auditoire que vous êtes capable de déterminer dès maintenant lequel de ces objets restera le dernier posé sur la table. Vous écrivez, à l'abri des regards, le nom de cet objet sur un papier que vous placez dans une enveloppe. Puis, avec la participation d'un spectateur, vous éliminez à tour de rôle un objet de la table. Lorsqu'il ne reste plus qu'un objet sur la table, vous demandez au spectateur d'ouvrir l'enveloppe et de lire le nom de l'objet écrit à l'intérieur. A nouveau, votre prédiction s'avèrera exacte ...

Le déroulement

Etape 1

Choisissez un volontaire et annoncez que vos dons de prédiction vont vous permettre de déterminer dès à présent lequel des objets disposés devant vous sera le dernier à rester sur la table. Choisissez mentalement l'un de ces objets, que nous appellerons objet mystère, et notez son nom sur un papier que vous placerez dans une enveloppe à l'abri des regards.

Etape 2

S'il y a un nombre pair d'objets devant vous (4, 6, 8 etc....), faites commencer le spectateur.

S'il y a un nombre impair d'objets devant vous (5, 7, 9 etc....), commencez vous-même le tour.

Celui qui commence désigne du doigt deux objets disposés sur la table.

Etape 3

Une fois ces deux objets désignés, l'autre personne en choisit un qui est éliminé de la table.

Etape 4

Puis la personne qui vient d'éliminer un objet, choisit à son tour deux objets placés sur la table qu'elle désigne du doigt.

Etape 5

La personne qui lui fait face élimine alors de la table l'un des deux objets désignés. Le tour se poursuit alors de la même manière jusqu'à ce qu'il ne reste que deux objets sur la table. C'est vous qui aurez alors la main pour éliminer l'un de ces deux objets ; conservez l'objet mystère que vous avez choisi au début du tour et donnez l'enveloppe au spectateur pour qu'il dévoilé votre prédiction qui, à nouveau, s'avèrera exacte …

Illustration

Reprenons les étapes présentées ci-dessus avec un exemple concret :

Etape 1

Supposons que nous fassions face aux objets suivants :

Couteau	Fourchette	Cuillère	Serviette	Briquet

Sel	Poivre	Cendrier	Bouteille	Verre

Faites mine de vous concentrer et choisissez l'un de ces objets mentalement. Pour l'exemple, nous choisissons la fourchette. Ecrivez alors le nom fourchette sur un papier, à l'abri des regards, et placez ce papier dans une enveloppe.

Etape 2

Il y a 10 objets disposés sur la table, il s'agit donc d'un nombre pair. Par conséquent c'est le spectateur qui démarre le tour.

Demandez- lui de pointer du doigt deux objets sur la table.

Etape 3

Supposons qu'il choisisse le cendrier et le briquet :

Couteau	Fourchette	Cuillère	Serviette	Briquet
				X
Sel	Poivre	Cendrier	Bouteille	Verre
		X		

Aucun des objets choisi n'est notre objet mystère, vous pouvez donc éliminer celui que vous voulez. Eliminons par exemple le cendrier.

Couteau	Fourchette	Cuillère	Serviette	Briquet
Sel	Poivre		Bouteille	Verre

Etape 4

A votre tour, désignez deux objets présents sur la table **en évitant de choisir votre objet mystère** !

Choisissons par exemple le couteau et la cuillère :

Couteau	Fourchette	Cuillère	Serviette	Briquet
X		X		

Sel	Poivre		Bouteille	Verre

Etape 5

Le spectateur doit alors éliminer l'un de ces deux objets : par exemple, la cuillère. Puis c'est à lui de désigner du doigt deux objets comme par exemple :

Couteau	Fourchette		Serviette	Briquet
	X			

Sel	Poivre		Bouteille	Verre
			X	

Vous devez à votre tour éliminer l'un de ces objets. Comme l'objet mystère figure parmi ces deux objets, vous devez impérativement éliminer la bouteille.

Puis à votre tour, vous désignez du doigt deux objets parmi ceux restant sur la table tout en veillant à ne pas choisir votre objet mystère :

Couteau	Fourchette		Serviette	Briquet

Sel	Poivre			Verre
X	X			

Et ainsi de suite jusqu'à ce qu'il ne reste plus que deux objets sur la table.

C'est alors à votre tour d'éliminer l'un des deux objets, par exemple :

	Fourchette			

	Poivre			

Eliminez alors le poivre et tendez l'enveloppe au spectateur afin qu'il annonce le nom de l'objet écrit à l'intérieur.

Explication

Le secret de ce tour réside notamment dans le choix de la personne qui démarre le tour. En effet, il faut que vous soyez celui qui élimine le dernier objet lorsqu'il n'en reste que deux de façon à conserver votre objet mystère.

Comme vous jouez à tour de rôle et qu'un objet est éliminé à chaque tour, celui qui commence dépend du nombre d'objets sur la table :

Nombre d'objets IMPAIR		Exemple : 7 objets	
Tour	Nombre d'objets sur la table	Désigne deux objets	Elimine un objet
1	7	Vous	Spectateur
2	6	Spectateur	Vous
3	5	Vous	Spectateur

Tour	Nombre d'objets sur la table	Désigne deux objets	Elimine un objet
4	4	Spectateur	Vous
5	3	Vous	Spectateur
6	2	Spectateur	Vous
Vous avez le choix du dernier objet restant			

Nombre d'objets PAIR		Exemple : 6 objets	
Tour	Nombre d'objets sur la table	Désigne deux objets	Elimine un objet
1	6	Spectateur	Vous
2	5	Vous	Spectateur
3	4	Spectateur	Vous
4	3	Vous	Spectateur
5	2	Spectateur	Vous
Vous avez le choix du dernier objet restant			

Soyez vigilants, lorsque vous devez désigner deux objets, à ne pas désigner votre objet mystère. En effet, comme c'est le spectateur qui choisit alors l'objet à éliminer, vous courrez le risque de voir votre objet mystère éliminé par le spectateur ...

Astuces et conseils

Ce tour peut être rejoué plusieurs fois d'affilée. Soyez prudents car un spectateur attentif pourrait se rendre compte que l'ordre du tour a une influence sur son déroulé. Entre deux tours, n'hésitez pas à modifier le nombre d'objets sur la table pour détourner l'attention ...

La calculatrice humaine

Sur un tableau vous écrivez un nombre. Vous demandez alors à un spectateur d'écrire un 2ème nombre sous le vôtre. Puis vous lui demandez d'additionner ce nombre avec le précédent afin d'obtenir un 3ème nombre. Ce 3ème nombre est ensuite additionné avec le 2nd pour obtenir un 4ème nombre. Le spectateur continue de la sorte jusqu'à avoir 10 nombres sur le tableau. Vous lui tendez une calculatrice et lui demandez alors d'additionner les dix nombres écrits au tableau. Avant qu'il n'ait fini d'additionner ces dix nombres, vous annoncez le résultat de cette addition à l'ensemble du public.

Le déroulement

Etape 1

Ecrivez un nombre sur un tableau ou sur une feuille de papier et demandez à un spectateur, doué en mathématiques si possible, d'être votre partenaire pour ce tour.

Etape 2

Demandez au spectateur d'écrire un 2ème nombre sous celui que vous avez vous-même écrit.

Etape 3

Demandez au spectateur d'additionner les deux nombres figurant sur le tableau et d'écrire le résultat à la suite de ces nombres. On obtient ainsi un 3ème nombre.

Etape 4

Demandez au spectateur d'additionner le 2ème et le 3ème nombre figurant sur le tableau et d'écrire le résultat à la suite de ces nombres. On obtient ainsi un 4ème nombre.

Etape 5

Demandez au spectateur d'additionner le 3ème et le 4ème nombre figurant sur le tableau et d'écrire le résultat à la suite de ces nombres. On obtient ainsi un 5ème nombre.

Etape 6

Continuez ainsi jusqu'à ce que 10 nombres soient inscrits sur le tableau.

Etape 7

Tendez une calculatrice au spectateur et demandez-lui d'additionner les 10 nombres écrits au tableau.

Etape 8

Avant qu'il n'ait fini son addition, annoncez au public le résultat de l'addition de ces 10 nombres. Vous obtenez ce résultat en multipliant par 11 le 7ème nombre inscrit au tableau.

Illustration

Reprenons les étapes présentées ci-dessus avec un exemple concret :

Etape 1

Ecrivez un nombre au tableau et demandez l'aide d'un volontaire pour réaliser ce tour, par exemple :

648

Etape 2

Demandez au spectateur d'écrire un 2ème nombre sous celui que vous avez vous-même écrit.

648
1547

Etape 3

Demandez au spectateur d'additionner les deux nombres (648 + 1547) figurant sur le tableau et d'écrire le résultat (2195) à la suite de ces nombres.

648
1547
2195

Etape 4

Demandez au spectateur d'additionner le 2ème (1547) et le 3ème nombre (2195) figurant sur le tableau et d'écrire le résultat (3742) à la suite de ces nombres.

648
1547
2195
3742

Etape 5

Demandez au spectateur d'additionner le 3ème (2195) et le 4ème nombre (3742) figurant sur le tableau et d'écrire le résultat (5937) à la suite de ces nombres.

648
1547
2195
3742
5937

Etape 6

Continuez ainsi jusqu'à ce que 10 nombres soient inscrits sur le tableau.

648
1547
2195
3742
5937
9679
15616
25295
40911
66206

Etape 7

Tendez une calculatrice au spectateur et demandez-lui d'additionner les 10 nombres écrits au tableau.

Avant qu'il n'ait fini son addition, annoncez au public le résultat de l'addition de ces 10 nombres. Vous obtenez ce résultat en multipliant par 11 le 7ème nombre (15616) inscrit au tableau.

Ici le résultat est 11 x 15616 = 171776

Explication

Ce tour est basé sur une astuce mathématique. Pour en illustrer le mécanisme, appelons A, le 1er nombre inscrit au tableau et B, le 2nd nombre inscrit.

Représentons maintenant le tableau issu des différents calculs de proche en proche effectués durant le tour :

1er nombre	A
2ème nombre	B
3ème nombre	A+B
4ème nombre	A+2B
5ème nombre	2A+3B

6ème nombre	$3A+5B$
7ème nombre	$5A+8B$
8ème nombre	$8A+13B$
9ème nombre	$13A+21B$
10ème nombre	$21A + 34B$

La somme de ces 10 nombres donne :

$55A + 88B$

Or $55A + 88B = 11 \times (5A+8B)$

Soit 11 x (le 7ème nombre du tableau)

Astuces et conseils

L'une des premières explications avancées par les spectateurs pour tenter de percer le mystère de ce tour résidera dans le fait que vous choisissiez vous-même le 1er nombre inscrit au tableau. On vous accusera alors d'effectuer une manipulation grâce au choix de ce nombre. Ajoutez alors de la confusion dans l'esprit des spectateurs en leur proposant de refaire ce tour et en laissant le spectateur choisir et écrire en premier son nombre. Effet garanti !

La principale difficulté que vous rencontrerez lors de la réalisation de ce tour est de parvenir à multiplier le 7ème nombre du tableau par 11.

En effet, ce 7ème nombre peut ne contenir que 4 ou 5 chiffres mais il peut aussi en contenir 8 ou même 10 selon la taille du nombre choisi par le spectateur. Or, pour que votre effet soit réussi, il faut que vous soyez capable de multiplier ce nombre par 11 mentalement quelle que soit sa taille. Il existe cependant une astuce pour multiplier mentalement un nombre par 11 ; cette astuce je l'ai dévoilée dans mon précédent livre intitulé « Les secrets du calcul mental, tout le monde est capable de calculer en un clin d'œil ».

Pour multiplier par 11,
Encadrez mentalement votre nombre par des 0,
Additionnez les chiffres 2 à 2 en partant de la droite,
Mettez les chiffres obtenus bout à bout pour former le résultat.

Reprenons notre exemple ci-dessus avec le calcul 11 x 15616 :

On encadre le nombre par des 0 ce qui donne : 0156160

On additionne 2 à 2 les chiffres en partant de la droite :
6+0=6
1+6=7
6+1=7
5+6=**1**1 (on garde le 1 et on ajoute l'autre **1** au résultat suivant)

1+5=6 + **1** (du calcul précédent) = 7
0+1=1

On met les chiffres obtenus bout à bout et on obtient : 171776.

Cette technique de calcul est beaucoup plus rapide que la saisie sur une calculatrice des 10 nombres à additionner.

Divination symbolique

Demandez à un ou plusieurs spectateurs de choisir mentalement un nombre compris entre 1 et 99. Puis chaque spectateur réalise mentalement une opération selon vos indications. Vous leur distribuez alors une carte comprenant des chiffres et des symboles et leur demandez de mémoriser le symbole associé au chiffre qu'ils ont trouvé. Par un exercice de mentalisme vous tentez de découvrir le symbole correspondant à chacun des spectateurs. Vous écrivez ces symboles sur des morceaux de papier puis vous demandez aux spectateurs d'annoncer leur symbole que vous confrontez à votre divination.

Le déroulement

Etape 1

Choisissez un partenaire pour ce tour et demandez-lui de choisir un nombre entre 1 et 99. Il ne doit pas annoncer son choix.

Etape 2

Demandez au spectateur de soustraire au nombre choisi les chiffres qui le composent et de retenir le résultat obtenu.

Etape 3

Tendez au spectateur l'une des cartes de symboles en votre possession et demandez-lui de mémoriser le symbole associé au nombre obtenu à l'étape 2. Au préalable vous aurez vous-même mémorisé le symbole apparaissant en face du chiffre 0 de la carte.

Etape 4

Demandez au spectateur de penser fortement au symbole mémorisé et concentrez-vous comme si vous cherchiez à deviner ce symbole. Dessinez ce symbole sur un papier à l'abri des regards.

Etape 5

Choisissez un ou plusieurs spectateurs afin de répéter les étapes 1 à 4.

Etape 6

Demandez au premier spectateur de révéler son symbole et montrez le papier sur lequel vous avez fait votre prédiction. Faites de même avec les autres spectateurs.

Etape 1

Choisissez un partenaire pour ce tour et demandez-lui de choisir un nombre entre 1 et 99. Il ne doit pas annoncer son choix. Supposons qu'il choisisse le nombre 53.

Etape 2

Demandez au spectateur de soustraire au nombre choisi (53) les chiffres qui le composent (5 et 3) soit 53 – 5 – 3 et de retenir le résultat ainsi obtenu (45).

Etape 3

Tendez au spectateur l'une des cartes de symboles en votre possession.

Au préalable, mémorisez le symbole apparaissant en face du chiffre 0, il s'agit ici d'un carré blanc.

Demandez au spectateur de mémoriser le symbole associé au nombre obtenu à l'étape 2. Sur la carte, le symbole associé au nombre 45 est le … carré blanc !

0	□	20	♏	40	♋	60	♈	80	◆
1	♋	21	♐	41	♋	61	&	81	□
2	♍	22	♋	42	●	62	●		
3	♏	23	○	43	♑	63	□		
4	○	24	♈	44	♒	64	♋		
5	◆	25	◆	45	□	65	♌		
6	❖	26	♈	46	◆	66	♍		
7	♌	27	□	47	⊠	67	♎		
8	♎	28	◆	48	♋	68	♏		
9	□	29	☒	49	♓	69	♐		
10	&	30	♌	50	♈	70	♌		
11	●	31	♏	51	♎	71	♎		
12	○	32	♍	52	♋	72	□		
13	♎	33	◆	53	♍	73	♑		
14	♏	34	❖	54	□	74	♐		
15	♐	35	☒	55	◆	75	♒		
16	♓	36	□	56	♓	76	●		
17	♈	37	♐	57	○	77	♓		
18	□	38	●	58	■	78	&		
19	♋	39	&	59	♍	79	♈		

Etape 4

Demandez au spectateur de penser fortement au symbole mémorisé (le carré blanc) et concentrez-vous comme si vous cherchiez à deviner ce symbole. Dessinez ce symbole sur un papier à l'abri des regards.

Etape 5

Vous pouvez répéter les étapes 1 à 4 avec d'autres spectateurs en prenant soin de donner des cartes de symboles différentes à chacun des spectateurs. Vous trouverez des cartes de symboles dans les pages suivantes.

Etape 6

Demandez au premier spectateur de révéler son symbole (le carré blanc) et montrez le papier sur lequel vous avez dessiné un carré blanc. Faites de même avec les autres spectateurs.

Explication

Ce tour est basé sur une astuce mathématique qui apparaît lors de l'étape 2. Il est alors demandé de retrancher au nombre choisi les chiffres qui le composent.

Si le nombre choisi se situe entre 1 et 9, le calcul demandé à l'étape 2 conduira à un résultat égal à 0.

Si le nombre choisi se situe entre 10 et 19, le calcul demandé à l'étape 2 conduira à un résultat égal à 9.

Si le nombre choisi se situe entre 20 et 29, le calcul demandé à l'étape 2 conduira à un résultat égal à 18.

Si le nombre choisi se situe entre 30 et 39, le calcul demandé à l'étape 2 conduira à un résultat égal à 27.

Si le nombre choisi se situe entre 40 et 49, le calcul demandé à l'étape 2 conduira à un résultat égal à 36.

Si le nombre choisi se situe entre 50 et 59, le calcul demandé à l'étape 2 conduira à un résultat égal à 45.

Si le nombre choisi se situe entre 60 et 69, le calcul demandé à l'étape 2 conduira à un résultat égal à 54.

Si le nombre choisi se situe entre 70 et 79, le calcul demandé à l'étape 2 conduira à un résultat égal à 63.

Si le nombre choisi se situe entre 80 et 89, le calcul demandé à l'étape 2 conduira à un résultat égal à 72.

Si le nombre choisi se situe entre 90 et 99, le calcul demandé à l'étape 2 conduira à un résultat égal à 81.

En examinant la carte de symboles utilisée dans l'illustration précédente, vous pouvez constater que le symbole représentant un carré blanc apparaît en face des nombres 0, 9, 18, 27, 36, 45, 54, 63, 72 et 81.

C'est pourquoi, en identifiant le symbole correspondant au 0, vous avez la garantie de trouver le symbole du spectateur.

Des cartes de symboles vous sont proposées dans les pages suivantes mais vous pouvez très facilement créer vos propres cartes dès lors que vous veillez à placer un même symbole sur les nombres 0, 9, 18, 27, 36, 45, 54, 63, 72 et 81.

Astuces et conseils

Lors de ce tour, soyez vigilants à distribuer à chaque spectateur des cartes de symboles différentes de façon à ce que les spectateurs ne soient pas suspicieux de voir apparaître le même symbole à plusieurs reprises lors de ce tour.

Les spectateurs ne sont pas forcément sensés savoir que les cartes de symboles sont différentes.

Lors de la phase de divination du symbole, adoptez une mise en scène pour convaincre votre auditoire que vous faites réellement des efforts de concentration pour lire le symbole dans la tête des spectateurs.

Annexes

Vous trouverez ci-dessous des cartes de symboles complémentaires que vous pouvez photocopier afin de réaliser ce tour avec plusieurs spectateurs.

0	ρ	20	ε	40	ζ	60	φ	80	ω
1	α	21	φ	41	α	61	κ	81	ρ
2	χ	22	α	42	λ	62	λ		
3	ε	23	μ	43	γ	63	ρ		
4	μ	24	φ	44	η	64	α		
5	τ	25	σ	45	ρ	65	β		
6	ϖ	26	φ	46	ω	66	χ		
7	β	27	ρ	47	ψ	67	δ		
8	δ	28	τ	48	α	68	ε		
9	ρ	29	ξ	49	ι	69	φ		
10	κ	30	β	50	φ	70	β		
11	λ	31	ε	51	δ	71	δ		
12	μ	32	χ	52	α	72	ρ		
13	δ	33	τ	53	χ	73	γ		
14	ε	34	ϖ	54	ρ	74	φ		
15	φ	35	ξ	55	σ	75	η		
16	ι	36	ρ	56	ι	76	λ		
17	φ	37	φ	57	μ	77	ι		
18	ρ	38	λ	58	ν	78	κ		
19	α	39	κ	59	χ	79	φ		

0	r	20	e	40	z	60	j	80	w
1	a	21	f	41	a	61	k	81	r
2	c	22	a	42	l	62	l		
3	e	23	m	43	g	63	r		
4	m	24	j	44	h	64	a		
5	t	25	s	45	r	65	b		
6	v	26	j	46	w	66	c		
7	b	27	r	47	y	67	d		
8	d	28	t	48	a	68	e		
9	r	29	x	49	i	69	f		
10	k	30	b	50	j	70	b		
11	l	31	e	51	d	71	d		
12	m	32	c	52	a	72	r		
13	d	33	t	53	c	73	g		
14	e	34	v	54	r	74	f		
15	f	35	x	55	s	75	h		
16	i	36	r	56	i	76	l		
17	j	37	f	57	m	77	i		
18	r	38	l	58	n	78	k		
19	a	39	k	59	c	79	j		

#		#		#		#		#	
0	✗	20	▣	40	🚭	60	✈	80	⌇
1	✔	21	🚋	41	✔	61	✹	81	✗
2	☐	22	✔	42	✦	62	✦		
3	▦	23	⚱	43	■	63	✗		
4	⚱	24	✈	44	🚑	64	✔		
5	▤	25	?	45	✗	65	🚲		
6	🚌	26	✈	46	⌇	66	☐		
7	🚲	27	✗	47	⊖	67	♥		
8	♥	28	▤	48	✔	68	▦		
9	✗	29	⊘	49	①	69	🚋		
10	✹	30	🚲	50	✈	70	🚲		
11	✦	31	▦	51	♥	71	♥		
12	⚱	32	☐	52	✔	72	✗		
13	♥	33	▤	53	☐	73	■		
14	▦	34	🚌	54	✗	74	🚋		
15	🚋	35	⊘	55	?	75	🚑		
16	①	36	✗	56	①	76	✦		
17	✈	37	🚋	57	⚱	77	①		
18	✗	38	✦	58	●	78	✹		
19	✔	39	✹	59	☐	79	✈		

0	△	20	⇨	40	◤	60	↖	80	▷
1	⇨	21	←	41	⇨	61	↗	81	△
2	⇨	22	⇨	42	↙	62	↙		
3	⇦	23	↘	43	→	63	△		
4	↘	24	↖	44	↑	64	⇨		
5	◀	25	▽	45	△	65	⇦		
6	◁	26	↖	46	▷	66	⇨		
7	⇦	27	△	47	◢	67	⇦		
8	⇦	28	◀	48	⇨	68	⇨		
9	△	29	◣	49	↓	69	←		
10	↗	30	⇦	50	↖	70	⇦		
11	↙	31	⇨	51	⇦	71	⇦		
12	↘	32	⇨	52	⇨	72	△		
13	⇦	33	◀	53	⇨	73	→		
14	⇨	34	◁	54	△	74	←		
15	←	35	◣	55	▽	75	↑		
16	↓	36	△	56	↓	76	↙		
17	↖	37	←	57	↘	77	↓		
18	△	38	↙	58	↔	78	↗		
19	⇨	39	↗	59	⇨	79	↖		

0	a	20	e	40	z	60	j	80	w
1	r	21	f	41	r	61	k	81	a
2	c	22	r	42	l	62	l		
3	e	23	m	43	g	63	a		
4	m	24	j	44	h	64	r		
5	t	25	s	45	a	65	b		
6	v	26	j	46	w	66	c		
7	b	27	a	47	y	67	d		
8	d	28	t	48	r	68	e		
9	a	29	x	49	i	69	f		
10	k	30	b	50	j	70	b		
11	l	31	e	51	d	71	d		
12	m	32	c	52	r	72	a		
13	d	33	t	53	c	73	g		
14	e	34	v	54	a	74	f		
15	f	35	x	55	s	75	h		
16	i	36	a	56	i	76	l		
17	j	37	f	57	m	77	i		
18	a	38	l	58	n	78	k		
19	r	39	k	59	c	79	j		

0	α	20	ε	40	ζ	60	φ	80	ω
1	ρ	21	φ	41	ρ	61	κ	81	α
2	χ	22	ρ	42	λ	62	λ		
3	ε	23	μ	43	γ	63	α		
4	μ	24	φ	44	η	64	ρ		
5	τ	25	σ	45	α	65	β		
6	ϖ	26	φ	46	ω	66	χ		
7	β	27	α	47	ψ	67	δ		
8	δ	28	τ	48	ρ	68	ε		
9	α	29	ξ	49	ι	69	φ		
10	κ	30	β	50	φ	70	β		
11	λ	31	ε	51	δ	71	δ		
12	μ	32	χ	52	ρ	72	α		
13	δ	33	τ	53	χ	73	γ		
14	ε	34	ϖ	54	α	74	φ		
15	φ	35	ξ	55	σ	75	η		
16	ι	36	α	56	ι	76	λ		
17	φ	37	φ	57	μ	77	ι		
18	α	38	λ	58	ν	78	κ		
19	ρ	39	κ	59	χ	79	φ		

0	✔	20	🎁	40	🚭	60	✈	80	🍸
1	✗	21	🚌	41	✗	61	❀	81	✔
2	□	22	✗	42	✦	62	✦		
3	🎁	23	❗	43	■	63	✔		
4	❗	24	⛴	44	🚑	64	✗		
5	⛵	25	?	45	✔	65	🚲		
6	🚌	26	⛴	46	🍸	66	□		
7	🚲	27	✔	47	⊖	67	♥		
8	♥	28	⛵	48	✗	68	🎁		
9	✔	29	⊘	49	①	69	🚌		
10	❀	30	🚲	50	✈	70	🚲		
11	✦	31	🎁	51	♥	71	♥		
12	❗	32	□	52	✗	72	✔		
13	♥	33	⛵	53	□	73	■		
14	🎁	34	🚌	54	✔	74	🚌		
15	🚌	35	⊘	55	?	75	🚑		
16	①	36	✔	56	①	76	✦		
17	⛴	37	🚌	57	❗	77	①		
18	✔	38	✦	58	●	78	❀		
19	✗	39	❀	59	□	79	✈		

0	⇨	20	⇨	40	◤	60	↖	80	▷
1	△	21	←	41	△	61	↗	81	⇨
2	⇨	22	△	42	↙	62	↙		
3	⇨	23	↘	43	→	63	⇨		
4	↘	24	↖	44	↑	64	△		
5	◀	25	▽	45	⇨	65	⇦		
6	◁	26	↖	46	▷	66	⇨		
7	⇦	27	⇨	47	◤	67	⇦		
8	⇦	28	◀	48	△	68	⇨		
9	⇨	29	◣	49	↓	69	←		
10	↗	30	⇦	50	↖	70	⇦		
11	↙	31	⇨	51	⇦	71	⇦		
12	↘	32	⇨	52	△	72	⇨		
13	⇦	33	◀	53	⇨	73	→		
14	⇨	34	◁	54	⇨	74	←		
15	←	35	◣	55	▽	75	↑		
16	↓	36	⇨	56	↓	76	↙		
17	↖	37	←	57	↘	77	↓		
18	⇨	38	↙	58	↔	78	↗		
19	△	39	↗	59	⇨	79	↖		

Le coup du chapeau

Choisissez un spectateur dans le public et annoncez à l'auditoire que vous êtes capable d'anticiper 3 choix qui seront faits dans un avenir proche par ce spectateur.

Vous ferez alors choisir successivement au spectateur une ville, puis un animal et une carte dans un jeu de cartes. Après chacun des choix, vous lirez dans ses pensées et noterez votre prévision sur un morceau de papier.

A la fin du tour, vous dévoilerez successivement vos prévisions en présentant les différents morceaux de papier au public.

Le déroulement

Etape 1

Préparez un jeu de cartes et prenez soin de mémoriser discrètement la 10ème carte de ce jeu.

Etape 2

Choisissez un partenaire pour ce tour et demandez-lui de penser fortement à une ville. Il ne doit pas annoncer son choix au public.

Etape 3

Faites mine de vous concentrer et notez sur un papier la 10ème carte du jeu, que vous avez mémorisée à l'étape 1, puis pliez ce papier.
Demandez alors à la personne d'indiquer à l'assistance la ville retenue pour éviter toute tricherie.

Etape 4

Demandez au spectateur de penser fortement à un animal. Il ne doit pas annoncer son choix au public.

Etape 5

Faites mine de vous concentrer et notez sur un papier la ville annoncé par le spectateur au public lors de l'étape 3, puis pliez ce papier.
Demandez alors à la personne d'indiquer à l'assistance l'animal retenu pour éviter toute tricherie.

Etape 6

Annoncez ensuite que vous allez prédire la carte que le spectateur va choisir dans le jeu de cartes en la notant sur un papier.

Etape 7

Réalisez le tour « prédiction du choix d'une carte » présenté dans cet ouvrage. Notez ensuite sur un papier l'animal annoncé par le spectateur au public lors de l'étape 5.

Etape 8

Récapitulez alors la ville choisie, l'animal choisi, et la carte tirée puis dépliez les papiers les uns après les autres pour afficher vos prédictions.

Illustration

Etape 1

Préparez un jeu de cartes et prenez soin de mémoriser discrètement la 10ème carte de ce jeu.

Supposons que cette 10ème carte soit le Roi de Cœur.

Etape 2

Choisissez un partenaire pour ce tour et demandez-lui de penser fortement à une ville. Il ne doit pas annoncer son choix au public.

Etape 3

Faites mine de vous concentrer et écrivez « Roi de Cœur » sur un papier à l'abri des regards. Pliez ce papier.

Demander alors à la personne d'indiquer à l'assistance la ville retenue pour éviter toute tricherie.
Supposons que le spectateur annonce « New-York ».

Etape 4

Demandez au spectateur de penser fortement à un animal. Il ne doit pas annoncer son choix au public.

Etape 5

Faites mine de vous concentrer et notez sur un papier « New York », puis pliez ce papier.

Demander alors à la personne d'indiquer à l'assistance l'animal retenu pour éviter toute tricherie.
Supposons que le spectateur annonce « Chameau ».

Etape 6

Annoncez ensuite que vous allez prédire la carte que le spectateur va choisir dans le jeu de cartes en la notant sur un papier.

Etape 7

Réalisez le tour « prédiction du choix d'une carte » présenté dans cet ouvrage, le spectateur devrait tirer le roi de cœur. Notez ensuite sur un papier « Chameau » et demandez au spectateur de montrer au public la carte tirée.

Etape 8

Récapitulez alors la ville choisie (New-York), l'animal choisi (Chameau) et la carte tirée (Roi de Cœur) puis dépliez les papiers les uns après les autres pour afficher vos prédictions qui seront, à coup sûr, exactes !

Explication

Ce tour repose sur votre capacité à connaître à l'avance l'une des réponses qui sera donnée par le spectateur. Vous connaissez dès le départ la carte qui sera tirée par le spectateur. Dès lors vous pouvez faire croire au public que vous écrivez sur le papier la réponse à la question qui vient d'être posée alors qu'en réalité vous écrivez la réponse à la question qui a été posée précédemment et que le spectateur a annoncé au public (et donc à vous !).

Astuces et conseils

Lors de ce tour, veillez à écrire vos prédictions à l'abri des regards afin que personne ne puisse se rendre compte que ce que vous écrivez n'est pas la réponse à la question qui vient d'être posée …

Veillez à bien mélanger les 3 papiers qui contiennent vos prédictions de façon à ce que personne ne se rende compte de l'ordre dans lequel vous avez écrit ces prédictions.

Ne réalisez pas ce tour à plusieurs reprises car votre public pourrait rapidement trouver étrange que vous attendiez la fin du tour pour dévoiler toutes vos prédictions alors que vous pourriez le faire au fur et à mesure que le spectateur annonce les réponses à l'auditoire.

Conclusion

Nous sommes à présent au terme de notre voyage dans l'univers du mentalisme. Vous voilà dès lors passé de l'autre côté du miroir. Vous avez pu constater qu'à l'instar de la magie, le mentalisme n'est pas une discipline surnaturelle et chacun des tours s'appuie sur une technique qui le rend d'autant plus extraordinaire que cette technique est rôdée.

Vous disposez à présent d'une palette de tours capables de produire un effet conséquent sur votre auditoire, il vous appartient aujourd'hui de répéter encore et encore ces tours afin que leur réalisation devienne comme une seconde nature pour vous. Lorsque tel sera le cas, vous disposerez d'outils très efficaces pour vous démarquer, vous rendre sympathique et intéressant auprès de n'importe quel public.

Connaître les trucs et astuces des magiciens est parfois décevant pour le public car cela ôte le charme et l'aspect extraordinaire du tour. C'est pourquoi s'il est possible que vous jugiez à présent basiques les tours que vous venez d'apprendre, vous serez bientôt récompensés en observant la surprise et la fascination de votre auditoire lorsque vous les lui présenterez.